Arboretum

*Gedichte
zur XXI. Cita de la Poesia
30.05. – 04.06.2017 in Berlin*

Arboretum - eine Anthologie

zusammengestellt und herausgegeben:
Jürgen Polinske

für die
XXI. Cita de la Poesia – eine Dichterbegegnung
Lateinamerika – Spanien – Deutschland
Am 01.06.2017 einen ganzen Tag in der
Humboldt-Universität zu Berlin
Mathematisch-Naturwissenschaftliche Fakultät I
Institut für Biologie
Botanik & Arboretum zu Gast

Cover: Jürgen Polinske

Das Urheberrecht für alle Texte liegt
bei den Autorinnen und Autoren

© 2017
Herstellung und Verlag: BoD – Books on Demand,
Norderstedt

ISBN: 9783743152113

Ein großes **Dankeschön** an alle Förderer und Unterstützer dieser Anthologie. Besonders geht es aber an die Kolleginnen und Kollegen in der Humboldt-Universität zu Berlin, den Einrichtungen, wie die Zentrale Universitätsbibliothek, ihrer Zweigstelle Erwin-Schrödinger-Zentrum in Adlershof, die Mathematisch-Naturwissenschaftliche Fakultät I, das Arboretum und Kolleginnen und Kollegen aus dem Stadtbezirksamt Treptow-Köpenick. Für Fleiß und Ausdauer beim Korrekturlesen möchte ich mich bei meiner lieben Ehefrau bedanken.

Mein Herz ist grün ...
Mein Blätterblut ist süßer Unruh voll,
es will zerrauschen, -

...

Der feuchte Erdenschoß zieht meine Wurzeln
tiefer in sein Schweigen. ...

Rose Ausländer

Die Avatare Alexander von Humboldts
und Aime Bonplands
(Dr. Thomas Janßen und Dipl. Biologe Marcus
Jahn) beim Vortrag im Arboretum
der Humboldt-Universität zu Berlin
im September 2016

Inhalt

Verzeichnis	Seiten
Anke Apt	10 - 11
Baumkosmos	
Dorothee Arndt	12 – 14
Nadelwald	
Über die Freude einer Buche	
Andreas Diehl	15 – 18
In meine stille Wunde	
November	
März, Berlin 2007	
Wolfgang Endler	19 – 22
Zeitreise in Heimatkunde	
Marko Ferst	23 – 31
Die Holzmafia	
Lenin pfeift im Wald	
Hinterlassen	
Immer im Herbst	
Der Park	
York Freitag	32 – 34
Eine Allee Nr. 27	
Slov ant Gali	35 - 39
Des Baumes Worte	
Aller Anfang	
Vom Aber	
Robert Göbel	40 – 43
Gespräch mit der Birke im Hof	
Meine Linde	
Charlotte Grasnick	44 – 48
Herbstlaub	
Weide	
Kirschenpflücken	
Der abgeschlagene Ast auf dem Eis	

	Seiten
Ulrich Grasnick	49 – 56

 Lyrikbuche in Graal-Müritz
 Novemberlaub
 Einfach
 Efeu
 Windstille – Schluchtendunkel
 Spätherbst

Elisabeth Hackel   57 – 64

 Arboretum
 Holunderbaum
 Hibiskus
 Unterm roten Ahorn
 Vier Kalenderblätter
 Birkenstück und Lindentaler

Brunhild Hauschild   65 – 68

 Lange Nadeln
 Ahorn und Birke
 Betula

Reinhard Johannes   69 – 73

 Heute
 Staubsam bekannte Träume
 Juli-Requiem (Auszug)

Annette Kaufhold   74 – 78

 Die Stockwerke des Waldes
 Kätzchenträger
 Luftreise
 Windliebe

Henry-Martin Klemt   79 – 84

 Blödes Lied
 Cidre-Lied
 Brandenburg

Reinhard Kranz   85 – 88

 Gestern noch Schnee
 Augustmond
 Unauslöschlich

	Seiten
Brigitte Lange	89 – 94

    Der alte Mann und die Birken
    Charlotte

Herbert Laschet Toussaint HEL   95 – 100
    Links die Erlen ...
    Du alter Baum
    Die Dorfdünenfänger
    Ein Urwald war die Welt

Michael Manzek   101 – 104
    Wald
    Berühr den Wald
    Polaroids

Seelia Nahst   105 – 108
    Baum im Nebel
    Dein Wald
    DuDeinBaumDeinWaldgrund

Petra Namyslo   109 – 111
    Blick aus dem Fenster

Maria Nancy Sanches Perez   112 – 114
    Viento de la misma tierra

José Pablo Quevedo   115 - 119
    Resibo la primavera sobre mis taones
    Unter den hohen Linden

Marlies Schmiedl   120 – 122
    Warum

Eva Schönewerk   123 – 127
    Der Apfel
    Der Baum des Schnitzers
    Waldgang
    Platane

Klaus-Dieter Schönewerk   128 – 131
    Schneebeere, rot
    Die Pappeln stehen schamlos nackt Spalier
    Herbstlich

	Seiten
Jürgen Polinske	132 – 147
Der Baum	
Aphrodites Macht	
Mittagsschlaf	
Fischland	
Im Park	
Vier Jahreszeiten unter Kastanien	
Rettungsaktion für die Pfingstnelke	
Trauerbirke	
Der Dulcinea-Baum	
Zu den Autoren	149 - 151
Quellen/ Illustrationen	152 - 153
Aus der Egil-Saga	155

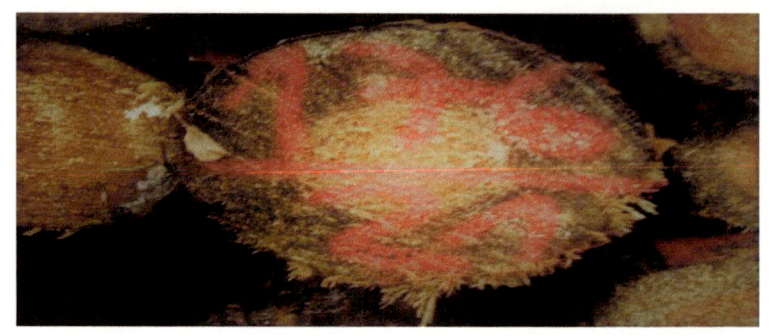

Anke Apt

BAUMKOSMOS

Jahr um Jahr neue Ringe,
bodenverwurzelt;
andern Ends,
tausendfache
zum Himmel wachsende Verzweigung,
ein riesiger, eigener, einzigartiger Kosmos.

Dorothee Arndt

nadelwald

I

nadelwald
die sprache
die er zu befreien suchte
heftete sich wie
tannenspitzen
des nachts
unter seine füße

II

auf dem weg
durch das gezweig
scheuendes getier
unvorhergesehene
wendung
sprache

**über die freude
einer buche**

aus der ferne
von leise her
in die zeit horchen
in die kränkungen hinein

in der festeren haut
der rinde
im fast zugewachsenen
zeichen entdecken,
das kaum mehr sichtbare
einer pfeilspitze

auf die stirn
ein warmes tuch
die zeit aufzuhellen
für die freude
einer buche

Andreas Diehl

IN MEINE STILLE WUNDE

soll der Sand nicht weh´n
ich lebe weg von dir
im Fenster verliere ich die Kastanie
und über dem Fluß ihren Schatten

NOVEMBER

Liebste
wenn wir uns treffen
manchmal bemerkst du mich nicht
im dritten Laub
du kommst spät
ich sollte dich nicht loslassen
am Rande der Rückfahrten
aber ich bin vor dir gegangen
wie die Monate von den Zweigen.

MÄRZ, BERLIN 2007

Graues einer Welt
Stadt
in meinem Zuhause
deinen Händen
entfalten
mich
wie die Ringe
uns
und das Jahr
den alternden Baum
flüchten
den Wind

Wolfgang Endler

ZEITREISE in HEIMATKUNDE
oder Bölsche auf Pädagogisch

I
Dorf hinter der Landkarte
im altmärkischen Sand
unterm Pflaumenbaum

ein goldfarbener Feuerstein
apfelgroßes Fundstück leicht
im Gepäck auf der Heimreise

II
Wieder zuhause in Neukölln
statt zu suchen im Internet
blättere ich vorm Bücherschrank

in Bölsches Entwicklungsgeschichte
verstaubter Buchrücken
Frakturschrift frische Sprache

eine Zeichnung springt mir ins Auge
Seeigel aus der Kreidezeit
freudiges Wiedererkennen

schließe die Augen
Kopfkino flackert

               bin stolzer Erstklässler
               schlendere mit Mama
               vom Bahnhof Friedrichshagen
               die Bölschestraße hinunter –
               vom Marktplatz zur Schule
               aus groben Steinquadern
               HEIMATKUNDE
Maulbeerbaum, bin eingesponnen
in den Kokon seiner Erinnerung
an vertraute Nachbarn

III
Begrüßung am Müggelpark
unhörbar für Passanten
danke den alten Platanen

nahmen sie mir als Kind
die Angst vorm Abstieg
in dunklen Tunnelhall

Sonne scheint durch die Blätter
goldene Bänder flattern
vor meinen blinzelnden Augen

Da – die baumbeschattete Villa
Männer mit gelben Streifen auf dunkler
Uniform
Häftlinge, raunt Vater mir zu

Innere Bilder verblassen
Licht huscht über den Stamm
Borke scheckig schilfernd

Blattgrün legt sich auf abgeschabtes Erinnern
Zeitzeugen zwinkern mir zu

04.01.2017

Marko Ferst

Die Holzmafia und andere Zugriffe

Uns gehören die Bäume
jeder andere ist auf dem Holzweg
wer sich in den Weg stellt
wird aus dem Weg geräumt
Autos mit präparierter Bremse
und tödliche Eingriffe mehr
alles im Handumdrehen
Pech gehabt!

Zerlegt wird jedes Inventar
vom Regenwald
was Dollarnoten bringt
Viehweiden, Sojafelder endlos
für die Mägen
der reicheren Erdenbürger

Brandstiftung
die Satteliten zeigen es täglich
vielleicht ein geräucherter
Elefantenschinken gefällig
eine blutige Gorillahand
oder ein anmutiger Papagei?

Die Armut zieht nach
für eine kurze Zeit der Ernte
Rauch und rötlicher Sand
Wüsteneien
wie wenn Plagen weiterziehen
auf Straßen
die immer tiefer
ins Lungengrün greifen

Vielgestaltiges Reich
von Tieren und Pflanzen
hier gründet seine reichste Heimstatt
und Art für Art entschwindet
so schnell
wie niemand zählen kann
gelöscht von Menschenhand
seinen maroden Systemen
auf nimmer Wiedersehen
hunderte täglich
Evolutionskatastrophe
Nummer sechs

Lenin pfeift im Wald

Kieferngrün umringt
geräumige Sandgruben
hier wurde einst geschossen
für militärische Medaillen
um drüben dem „Klassenfeind"
Bescheid zu sagen
und stand sich selbst im Weg

Lenin liegt jetzt hier
im kühlen Grab
hoch aufgeschüttet
aus Sand und Steinschutt
mehrfach neu bedeckt
Mauerspechte sollen
keine Souvenirs ergattern

Wenn der mal wieder aufsteht
radikal sich seine Fehler eingesteht
alles gründlich neu bedenkt
dann wird die Luft dünn
für parasitäre Oberschichten
in Deutschland und anderswo

Auch wird er künftig
einen anderen Namen tragen
und Kronstadt
einen Pfad uns weisen
dann jenseits von Gewalt
wie Gandhi meditieren

Vielerorts in der Sandgrube
wachsen junge Bäume
kaum kniehoch
es könnten
sehr viele Namen werden
die wieder anfangen zu kämpfen
gegen die organisierte
globale Raubzieherei
die immer mehr
abschnürt

Hinterlassen

In der Weite nackte Wege
Fichten wie gemäht
am Fuß der Tatraspitzen
nur wenige Zerzauste
inmitten der Schneise
Kilometer um Kilometer
die orkangeschont blieben
Brachland
reiches Reservoir
für die Armee
der Borkenkäfer
braungraue Holzleichen
leichte Beute
für Funkenflug
junges Laubgrün
läßt auf sich warten
an den südlichen Hängen

11/2013

2004 verwüstete ein schwerer Orkan in der Slowakei den Nationalpark der Hohen Tatra. Laut slowakischem Landwirtschaftsministerium sind rund drei Millionen Kubikmeter Wald zerbrochen oder entwurzelt worden. Das entspricht rund 90 Prozent der jährlichen Forsternte des Landes.

Immer im Herbst

Stundenlanger Sammeleifer
körbeweise mit Kinderhänden
am Ende gar Säcke
wenn Eltern und andere zugriffen
die neue Blickwelt hieß:
richtige oder falsche Baumkronen

Kastanien 25 Pfennig das Kilo
Eicheln gar 40 Pfennig
nur langsam füllten sie Gefäße
gar nicht abgeben
wollte man die Schätze

Die Früchte geschüttet
auf riesige Haufen beim Förster
gewogen wurde
seltenes Taschengeld
aus der Kassette gereicht
der alte große Handwagen
in manchem Herbst
zwei mal schwer beladen

3/2004

Der Park[1]

Gelbe Krokusse
noch blühen sie
die Bäume
hat es schon erwischt
abgesägt, zerstückelt
man läd sie gerade auf
jetzt blüht uns
eine neue Immobilie
das Geld schnappt zu
die Erdhaut
wird schon aufgerissen
Beton, Stahl und Glas
türmen sich empor
die Steinschlucht
die mal Friedrichstraße hieß
man sollte sie
Architektenungeheuer taufen
aber wer braucht denn
auch noch Parks, Bäume und Vögel
so was Altmodisches
wo wir doch bald
umzingelt sind
bis zum Abgesang
tönt Vögelzwitschern
aus Lautsprechern
die Bäume wachsen per Video

---

[1] Berlin, am Bahnhof Friedrichstraße

einfallslose Umweltschützer
das die nicht
selber darauf kommen

York Freitag

eine Allee Nr. 27

mit den Säulen der Kiefern
wachse ich
aus dem Gezweig der Einzelheiten
und über den Kronen die Triade
aus Sonne und Wind und
harzgetauchter Feder
aus ihr tropft das Feuer
ins Reich der Kargheit

die Paletten der Söhne
an glutrote Rinde genagelt
sie haben Strandkörbe
auf ihrer Leinwand im
großen Zimmer da schrieb
immer die Mutter
und zwischen den Versen
ging sie zur Seebrücke
durch die altersschweren Villen
ihre Wege ins Niedermoor
bis schwarzer Rahmen
sie begrenzte

letzten Sommer las der Vater
unter der Buche er besserte
sein Teerdach aus
Verse an den Rhododendron
in der Erinnerung
vor der Hütte ihr Liegestuhl
das weingefüllte Glas
und sich leerender
grüner Tag
dabei wieder die Zwie-
sprache: was ist dein
Blick
über den Schwebenden hin
die Wellenkämme
ein bisschen Chopin

Nadeln kommen und Sand
über die Toten ich gehe
die Taschen voller Samen
durchs offene Tor

für Charlotte und Ulrich Grasnick

Slov ant Gali

Des Baumes Worte

Liebe Erde,
seit Milliarden Jahren hältst du mich auf deiner Kruste.
Wenn Stürme deine nackte Haut peinigten,
reckte ich mich hinein,
ihnen die Kraft zu nehmen.
Ich war es,
der dich mit einer Hülle aus Leben spendender Luft umgab.
Ich war es,
der Sauerstoff in diese Luft hauchte,
eine Vielzahl an Formen zu verwirklichen
dir zum Vergnügen.
Ohne mich
gäbe es auch nicht jene,
die dir und mir so viele Namen gegeben.

Liebe Erde,
darf ich zurücknehmen,
was ich erschuf,
wenn ich es
Irrtum
nennen müsste?

Die Homoniden, die uns ihr Sein verdanken,
räumten mich mit Feuer fort,
wo ich sie zu stören schien,
dass die Stürme wieder auf dir wüten.

Die Homoniden, die uns ihr Sein verdanken,
ersetzen meinen Lebenshauch in der Luft
durch Gase, die mich verwüsten,
so wie sie sich selbst und jedem anderen Leben
ihr Sein versauern und verkürzen.
die Homoniden, die es uns verdanken,
finden Vernunft selbst darin,
einander ums Leben zu bringen.
Letztlich werde ich nicht mehr sein
und du ein toter Planet unter vielen.

Gib mir, liebe Erde,
ein Myzel, so stark,
dass ich die Vergifter vergraben kann unter den
Resten von Formen,
die wir möglich
so wie sie sie unmöglich gemacht.
Wenn du mich lässt,
reinige ich deine Hülle
und neu entfaltet sich
die Vielzahl an Formen,
die sein werden wie wir:

Aller Anfang ...

ausgehöhlt
der baum
der erkenntnis
rissige borke voll
letzter alter zellen
mühevoll
wandert wasser
aus edens boden
aufwärts
zu tauben blüten

vergeblich erwartet
die schlange
das reifen der granat
äpfel
für unsere süße
vertreibung

Eva komm
erkennen wir uns
drinnen
im warmen mulch
ehe es uns
Lucifer
an bienen erklärt

Vom ABER

früh schon
in humus gesteckt
fleißig gepflegt
schützt heute

ein aberblütenbaum
meine haut
vor worten voll
verführender leere

manchmal
jedoch
ersehne ich
wärmende strahlen
auf frei liegendem
nackten

mein baum
aber meint
nur aus dem
schatten heraus
sehe man weit

Robert Göbel

Gespräch mit der Birke im Hof

Ich muss mit dir reden,
Du erinnerst dich,
Ich hatte
Ein Gedicht geschrieben,
Über dich.

Wie du zum Himmel strebst,
Wie schlank du bist,
Wie du rascheln kannst,
Vor Freude,
Wenn ein milder Wind
Dein zartgrünes Kleid
glättet.

Wie ich dich beschaue,
Abends, wenn du scharf
Gegen das Licht stehst,
Deine Ängste mit durchlebe,
Das dein Wipfel zerrissen wird,
Wenn der Sturm einbricht
In den umbauten Hof.

Beim Schreiben
Schautest du mir zu,
Hattest du mitgelesen?
Kleinigkeit für dich,
Bei deiner Höhe,
Jetzt schon,
Bis zum First.

Hast dich nicht geäußert.
Warst du überfordert?
Kein Wunder,
Bei den vielen Fenstern,
In die du hineinschaust,
Dich darin spiegelst,
Du bist eitel,
Meine Freundin.

An einem Abend
Las ich es dir vor,
Aus dem offenen Fenster
Im sechsten Stock.
Dein Urteil war grausam.
Geschüttelt hast du dich
Vor Lachen, deine Pollen
Auf meine Schleimhäute
Gepustet.

Das Fenster
Habe ich zugeschlagen.
Ich war böse auf dich.
Wollte mit dir nie mehr
Sprechen. Heute
Sage ich dir:
Du hattest recht!

20.06.2005

Meine Linde

Ich sitze auf dem Balkon
und bewundere Dich
wie kraftvoll Du stehst
gemacht
Wie für die Ewigkeit.

Dein üppiges Blätterkleid
verwehrt mir den Blick
nach oben
den Himmel
kann ich nur ahnen.

Der berauschende Duft
Deiner Blüten
das satte Grün
Deiner Blätter
das fröhliche Gezwitscher
erfüllt mich mit Lust.

Wie alt bist Du?
wirst mich überleben
gib mir Kraft
für die Jahre
meines Lebens.

Ich danke Dir
meine Linde
Dein Flüstern
habe ich verstanden.

Charlotte Grasnick

Herbstlaub

Letzte Blätter
im Abreißkalender
des Baums,
und der Wind,
der fliegende Händler,
nimmt sie,
zieht von Straße zu Straße,
preist als
bunte Lesezeichen sie an.

Denke,
das Buch könnte
Feuer fangen,
wenn ein Blatt
so rot glüht
zwischen den Seiten.

Weide

Beinahe abgewendet dem Himmel,
zum Wasser hingeneigt,
streifst du mit Pendelfingern
über Gras und Fluß.

Ich sage: Weide,
sanfter Psychotherapeut,
so ruhig
spricht mit mir dein Grün.

Kirschenpflücken

Im Garten
wo wir die freundlichen
Stunden spinnen –
Kirschen,
mein flüchtiger
Ohrschmuck jetzt:
Schmalen Vorrat
pflückst du
mit Lippen –
wir steigen spät
zur Erde hinab –
Tisch, schon gedeckt
mit Abendschatten,
wo uns das Blut
der Kirschen verrät.

Der abgeschlagene Ast auf dem Eis

ich wehre mich den See zu verkleinern
ihn zu einer Postkarte werden zu lassen
die Sammlung alter Ansichtskarten
vor mir ausgebreitet
betrachte ich die friedlichen Strände darauf
die sich in den Grüßen des Sandes
in den goldgedruckten Aufschriften verlieren

die Leute in ihren Badekostümen
in ihrem Lächeln unter den Strohhütn
sehen kokett den Betrachter an
legen eine Hand auf die Schulter des anderen

als ich den abgeschlagenen Ast
vom Eis des Sees ziehe
und ihn wie einen Baum
im Ufersand aufpflanze
warte ich vergeblich auf sein Grün
vergeblich auf eine Antwort

Ulrich Grasnick

Lyrikbuche in Graal-Müritz

Unter der Buche
finden die Verse
ein grünes Dach.

Vor ihrem hellen
Stamm in der Sonne
fragt und antwortet
das Leben.

Wir suchen Gelassenheit
im Schatten des Baums.

Wer den Stamm umarmt,
spürt die Kreise
von Sommer und Winter,
spürt die harten
und weichen Jahre.

Wer hier liest
dem öffnen sich
die Ringe des Jahrs
im Gedicht.

Eh du fortgehst,
nimm dir ein Buchenblatt mit,
es wird wie ein Wegweiser sein
oder ein Lesezeichen dort,
wo dein liebstes Gedicht steht
und dich erinnert
an den Abschied
der farbigen Blätter im Wind.

Novemberlaub

Verse,
ihr sammelt schon
die Glut des Laubs –

Bevor der Schnee
wie Licht aus einer weißen
Sonne fällt,
bäumt sich der Baum
noch einmal auf
in Farben.

Einfach

Einfach ist,
einen Wald
grün zu nennen –
Einfach ist,
zu wiederholen
das Gewohnte,
zu beweisen,
daß Schale und Hülle
gestern waren.
Einfach ist,
blaue und reine Flüsse
auf den unverletzbaren
Frieden von Landkarten
zu malen,
Landkarten, die
Illustrationen gleichen
in einem Kinderbuch –

Aber wir müssen beginnen,
mit den Farben der
Trauer zu verzeichnen
alle Ströme,
darin kein Fisch
sich mehr regt,
schwarz zu verzeichnen
alle Städte der Erde,
darin Hunger ist -

Efeu

Efeu geht
in den Wintern noch aus
kleidet den nackten Fels,
reißt den Abgrund
aus seiner Starre,
zieht ihn
mit seiner Farbe ins Licht,
tarnt den Tod
bis in gestorbene
Wipfel hinauf.

Windstille - Schluchtendunkel

Im vertikalen Sog des Lichts,
aus schluchtdunkler Stille
streben die Bäume –
Die Kiefern verschnüren
mit ihren Wurzeln
den Fels –
Anders die Tanne,
entwurzelt –
Jäher Schlagbaum am Grund.

Spätherbst

                      für Elisabeth

I
Blätter sind Gedichte,
die zur Erde gleiten –
Träume,
die ihren Schlafbaum verloren –
Noch einmal wecke ich Farben,
den Sommer auf
mit meinen Schritten.

II
Jedes Blatt
weht ein anderes Licht in die Ferne –
Alles, was welkt,
leichter im Flug –
Die Pappel
nur noch
ein Besen vor dem Haus.

III
Wie unendlich sanft
die Weide das Wasser berührt –
Ihre Zweige tauchen nie ein
in den Strom –

Die Eiche hält ihre Blätter noch fest –
Ihr Beben ist Widerstand –
blasses Laubwerk
hart gegen den Wind.

Elisabeth Hackel

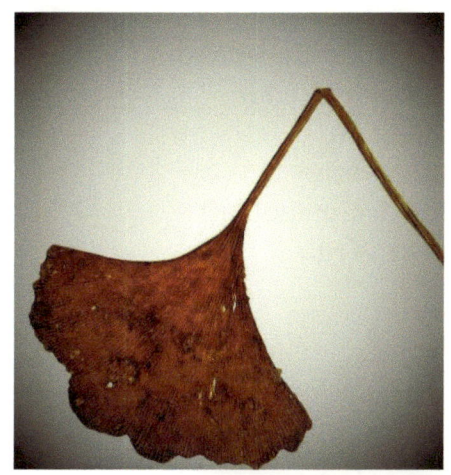

Arboretum

Wind kämmt den Perückenbaum.
Über rotem Sommerflieder
welkt Kastanienlaub.
Farben leuchten Ferne
Kompaß wird ein Ginkgoblatt
unserem langen Weg.

Holunderbaum

Wir saßen unterm Holunderbusch.
Er stand in unserem Hof,
bis er dem Beton im Weg war –
Ene, mene, mu,
raus bist du,
zählten wir als Kinder
und glaubten, es sei Spiel –
Der Hof ist still geworden –
Manchmal eine Elster
auf dem Garagendach –
tschak tschak tschak
ene mene mu
tschak tschak tschak,
raus bist du.

Saúco[2]

Nos sentábamos debajo del saúco.
Estaba plantado en nuestro patio,
hasta que estorbaba al hormigón.
„Manzana, naranja y pera,
tú te quedas fuera",
decíamos de niños
creyendo que era solamente un juego.
El patio se ha vuelto silencioso.
A veces una urraca
sobre el techo del garaje grasna:
chac, chac, chac,
manzana, naranja y pera
chac, chac, chac,
manzana, naranja y pera
tú te quedas fuera.

---
[2] Übersetzt: José Pablo Quevedo

Hibiskus

    Hibiskusblüte,
    Du leiser fremder Falter,
    der nur Stunden lebt.
      (Haiku)

Die Knospe hört mich nicht –
Zu viele Blätter
liegen zwischen uns.
Ich warte, daß sie aufgeht,
wie ich als Kind gewartet habe,
daß der Vater abends heimkam.

Meine Fingerkuppen spüren,
wie sie wächst
zum Rad im Wind
und wie schnell das Welken kommt.

Wann kann ich wie sie
Mich fallen lassen?

    Hibiskusblüte,
    Du leiser fremder Falter,
    der nur Stunden lebt
    und der so leicht herabfällt,
    als trüge ihn sein Atem.
    (Tanka)

Unterm roten Ahorn

Ich möchte nicht mehr fortgehn –
Ich möchte unter diesem
roten Ahorn bleiben,
zusehn
wie ein Sommerblatt
den leisen Zwischentönen
in die Farben folgt,
ihre Schwellen findet
in die Übergänge –
Ganz nah sein dem Geheimnis,
wie aus dem Grün
ein Rot entsteht.

Januar

Mimosen zucken
bei leisester Berührung –
Seit wann bin ich so?

Februar

Auch der Schneebaum braucht,
daß er kristallweiß aufblüht,
helles Sonnenlicht.

März

Auf meinem Balkon
Oleander, der Exot –
Ich liebe ihn so sehr
mit seinen roten Dolden
und seinem Duft in der Nacht.

Mai

Flieder-S-Bahnfahrt
durch duftende Spaliere
ohne Preisaufschlag
und für Liebespaare singt
eine Nachtigall vielleicht.

Birkenstück und Lindentaler

Als mein Vater noch Riese war pflanzte er einen
Zweig sagte Das wird dein Baum Wachse mit
ihm um die Wette!
Die Birke war schneller als ich wurde zu groß
für den Garten ihre Wurzeln zu stark für das
Haus Ich sah sie gefällt am Boden ... Hart die
hölzerne Bank

Die Lindentaler verfielen
niemand hebt sie auf
Die laufende Rechnung für Zeit
wird nicht mit Herbstgold bezahlt

Lange Nadeln

Lange Nadeln, Dreier-Pärchen,
fallen sachte, wie im Märchen,
vom Baum aus Nordamerika
den gepflanzt der Großpapa.

Jeffrey's Kiefer heißt der Baum,
rar ist er, man kennt ihn kaum.
Seine Nadeln fallen leise
und sie sind auf ihre Weise
ungewöhnlich, federleicht.
Kein Nadelpaar dem andern gleicht.
Ein wenig riechen sie nach Wald
und nach Gewürzen. Duftvielfalt.

Lange Nadeln, spitz, nicht stechend,
steif, doch biegsam, selten brechend,
eignen sich, man kann's nicht glauben
für die Kunst. Und sie erlauben
ungeahnte Möglichkeiten
damit Freude zu bereiten.

Ahorn und Birken
verschlungene Pfade
schnurgerade Alleen.
Steine
steif wie Soldaten
in Reih´und Glied,
deutsche Ordnung.
Zurückgelassene
pflegen
mit Hacke und Gießkanne.

Arce y abedules
senderos enredados
en línea recta paseos
Piedras
categóricamente como el soldado
en fila y el miembro,
orden alemán.
Dejara atrás
cuidar
con el azadón y jarro de sol sostenido.

Betula

Spielgefährtin meiner Jugend,
wenn ich an deinem Stamm,
so weich und biegsam,
in die Tiefe schwang,
warst du mir Verbündete.
Du wiegtest mich
in deinen grünen Armen,
Gesang und Duft fast nur für mich.

Schön siehst du aus,
in deinem weiß-schwarzen Kleid.
Deine langen Haare,
manchmal geflochten als Zopf,
zaust der Wind.
Birkenpilze sind Perlen an deinen Schuhen.

Nutzbar bist du,
kannst Pech für Klebstoff geben,
Saft für unsere Haare
und für geheime Triebe spenden.
Als Kaminholz brennst du wie Zunder.

Freundin,
wir sind zusammen alt geworden,
dein Kleid noch immer schön,
zwar nicht mehr biegsam,
doch ich kann mich noch nach
deinen Perlen bücken.

Reinhard Johannes

Heute

I

Schrei' mich nicht an
wenn die Kastanien fallen.
Belehr' mich nicht,
wenn Sonne Rotes säuft.
Schimpf' nicht mit mir,
wenn meine Hand sich rührt.

II

In uns'ren Lungen
wild – kein fremdes Atemholen.
Die Zweige streifen uns,
ich trink' Oktoberblut.

III

Der rote Wein kriecht auf den Wasserturm,
nur fahle Äste neigen sich;
das Jahr wird wunderlich
und unser Stöhnen sickert ein.
Was weint? Was blutet? Was der Zufall will.
Über den Kastanienbäumen wird es still.

staubsam bekannte Träume

sind mir höhere tanzende Weiden

wo die Wegewarte ihren Blütenpfeil zeigt
wo ein verwirrter Sommer Hölderlin sucht
wo Geburt des Herbstes an Gesponnenem

wie das Sehnen der Hügel meine Hände
wie Not eines unbenutzten Netzes
wie der Überflug zum Stande kommt

was gilt für wolpernde Wenden
was erntet heut` mein Holunderfalter
was reizt Spuren von trockener Distel

warum bin ich Apfel an gebogenem Ast
warum wäscht mich der Regen von oben
warum heiligt Ernte bewusst gesogen

und wispert Neige keucht liedhafter Tag
und bin Fangseil bekennender Spinnen
und weise vom Abschied der Stunden

sie weisen mich ein ins klingende Trauern
sie spielen mit rein genährtem Akzent
sie sind meine Wölfe am schläfrigen Schaf

wohin führen mich windige Weiber alt
wohin fließt stechendes Blut der Pflanzen
wohin ist des Sommers Geschwind

an den Rätseln schweben Beeren
auf den Butten kniet schon Wind
eines wird ständig gewinnen im Dreh

Juli-Requiem[3]

zum Gedenken an meine Mutter Flora Hering
geschrieben am 17.07.1994
nahe den Wäldern bei Greiz/Thüringen

I
Wichtig ist der Haselwind,
der an mir hängt,
der mich durchdrängt:
in diesem Juli bitter
und doppelt für mein Stürmen;
für eure Nächte leis gedacht
vollbracht nach sieben Sterben,
bezahlt in einem Tod.

II
Der späte Raps liegt unter mir,
ein Häher streichelt die Platane;
ihr Stamm ist nicht von meinem Stamme,
so seufze ich zum Dunst der Täler:
das letzte Öl nicht ausgetrunken;
kleb` ich an leichten Blätternasen,
schweb` kindlich über Hügelrasen:
es treiben mich die Haselhäher

III
...

---

[3] hier nur ein Auszug

Annette Kaufhold

Die Stockwerke des Waldes

Die Tiere in der Wurzelschicht
sieht man in der Regel nicht.
Es sind ganz besonders kleine,
einige ganz ohne Beine,
Würmer, Larven, Käfer und
Mäuse sind im Untergrund.

In der Moosschicht findet man
ganz andere Lebewesen dann,
Pilze, Spinnen, Schlangen, Schnecken,
die sich unterm Laub verstecken
leben dort in großer Zahl,
der eine ist des anderen Mahl

Die Strauchschicht mit den Brombeerhecken
beherbergt viele, so auch Zecken,
vor allem Vögel nisten hier
in diesem dornigen Revier,
ein guter Schutz und undurchdringlich
sind sie ziemlich unvergänglich.

Und die Baumschicht bietet
allen Arten ohne Miete
die schönsten Nistquartiere an,
Spechte brüten gern im Stamm,
die meisten Vögel in den Kronen,
so lässt sich´s überirdisch wohnen.

Kätzchenträger

Die Blütenkätzchen unsrer Weide
sind Freude für uns beide
Und was sie sollen wollen
ist die Reise ihrer Pollen
mit dem Wind, der darüber geht
und sie zur nächsten Weide weht.

Luftreise

Goldschimmernder Blütenstaub
färbt Pfützen, Autos, Laub.
Dieser schwefelgelbe Regen
der Kiefern, ist ein Segen
unzählbarer vieler Pollen,
die zu jungen Zapfen wollen.

Windliebe

Eschen, Pappeln, Erlen, Buchen
müssen keine Partner suchen.
Sie lassen sich vom Wind bedienen
der treibt den Blütenstaub zu ihnen.

Henry-Martin Klemt

BLÖDES LIED

Am Tümpel bei den Ratten
da steht ein Lindenbaum.
Ich brach in seinem Schatten
so manchen Streit vom Zaum

Ich schnitt in seine Rinde
so manche Dämlichkeit,
die ich nun wiederfinde
nach ewig langer Zeit.

Doch weil ich nicht vom Fach bin,
hab ich den Baum gefragt,
warum mein eigner Schwachsinn
mich plötzlich überragt.

Warum darf auf mich nieder
die eigne Dummheit schaun.
Da sprach der Baum: Mein Lieber,
ich will`s dir anvertraun.

Ich wachse alle Tage
und Du wächst meistens nich`.
So bringst du in die Lage
die eigene Blödheit und mich,
die eigene Blödheit und mich.

VII/2005

Cidre Lied

Lass uns einmal noch ganz unten auf den Stufen sitzen,
wo die Tauben uns den letzten Krümelkeks stibitzen.
Quasimodo lässt sich von Touristenhorden knipsen
und wir trinken Cidre, um uns langsam zu beschwipsen.

Deine Küsse schmecken so wie Mecklenburger Pflaumen.
Wie Rhabarber aus dem Marschland schmeckt dein linker Daumen.
Rechts dein großer Zeh wie Spargel vom Lebuser Lande.
Dich zu fressen wäre ein Gourmet allein imstande.

Ich hingegen fühle mich als echter Bohemien,
lausch verzückt und hingerissen auf den zarten Klang
eines Ghettoblasters, der mit allen Spatzen streitet,
während sein Besitzer einen Sandsteinlöwen reitet.

Heimweh ist ein edles patriotisches Empfinden,
und dein Nabel duftet wie im Oderland die
Linden.
Hinter deinen Ohren geht es tief in den Orient,
wo der Staub von Kreuzberg sich in meine
Nüstern brennt.

Möchtest du vielleicht zu mir jetzt in den Sattel
steigen?
Hoch zu Ross lässt sich Paris bei Nacht viel
besser zeigen.
Polizisten weisen uns den Weg mit ihren Pfeifen.
Aber du allein darfst mir in meine Mähne
greifen.

Deine Nackenhaare sind ein kleines
Nordseewunder.
Gleich dahinter riecht's nach wilden Schlehen
und Holunder.
Wenn sich dessen Blüten in den Eierkuchen
schmiegen,
könnte ich glatt Fahrrad fahrn, zumindest aber
fliegen.

Doch viel lieber bleibe ich hier auf den Stufen sitzen,
wo die Tauben uns den letzten Krümelkeks stibitzen,
und wir trinken Cidre, um uns langsam zu beschwipsen,
bis das Paradies sich öffnet auf ein Fingerschnipsen.

BRANDENBURG

Heimat ist blau und grün.
In ihre Seen legt sich der Himmel
zur Ruhe. In ihren Flüssen

schwimmen die Tage zum Meer.
In ihren Wäldern liegen Schätze
vergraben. Kindheit rauscht

in den Kronen. Weil ich nicht
fliegen kann, singen die Vögel,
was auf den Feldern geschieht.

Die Menschen hier kommen
und gehen, wie das Wild
sich durchs Unterholz schlägt,

und sie vergessen so viel, verlieren
den Boden unter den Füßen
und finden ihn wieder, ganz

von Schlaf durchtränkt. Morgens
sind alle Brücken verschwunden
im Nebel. Morgens sind alle

Länder ein Land, die Messer
liegen bereit und warm
ist noch immer

das Brot.

April 2016

Reinhard Kranz

Gestern noch Schnee

es strömen die scharen
mein aufzug hat mut nur
zum abstieg
andere gesichter
gehen unerkannt
auf treppen

ein halleluja
den beschützern
sie zerlegen die ketten
ich fall in schlaflose nacht
und immer noch
pfirsichblüten
von bonzen vernascht

notreif mit berberitzen
verwünsch ich
den sommer
das welken und wehen
dürrer blätter

dieses
zu früh – zu spät
über zertretnen
gesichtern

Augustmond

mond spaltet lautlos
haus in geschwätziger nacht
wir geben uns namen
mit erratischen blicken
schnalzen uns verse
vom wieder und wieder
erdachten nichts

unter dem mond
springen die gläser
wie auch immer
weinvoll
he du - august
ein monat und dieses du
prinzip einer wendeltreppe
schon wehen vorhänge herein
wie vorm gewitter

du bist wie früher holunder
unreif und bitter
wir bleiben im sog
der erschöpfung
mondweiß und ohne
gesicht

Unauslöschlich

kind immer sein
mit dem vergessen
quälender botschaft
des wahnsinns worte
der krieg

die zeit lebt in mir
den seltenen wiesen
heller wolken aufenthalt
doch ein fahrrad fällt
tiefflieger jagen
übern apfelbaum

angstwelt hier verblieben
mutter sag ich
schmerz
von der holunderbeere
biegsam holz
flucht blieb dann alles
ein wesen - ich
die strafaktion

Brigitte Lange

Der alte Mann und die Birken
(Liedtext)

Karl Otto wohnte schon immer
am Rand einer kleinen Stadt.
er liebte die Bäume und Tiere
und was man sonst noch so hat,
auch sein orangefarbenes Haus.
Dort ging er gern ein und aus.
Als er noch jung und verheiratet war,
da pflanzte er, und man fands wunderbar,
drei weiße Birken am Straßenrand.

Bald blies ihm der Wind seine streunenden Lieder;
bald bogen die Äste sich wie ein Gefieder.
Man konnte sich in ihren Schatten legen,
da nisteten Vögel, und da rieb sich der Regen.

Dann irgendwann starb seine Frau,
die Birken warn immer dabei,
am nächsten Tag war er grau.
Er flüsterte mancherlei
von seinem einsamen Nest.
in das vertraute Geäst.
Doch er hatte noch immer das Ganze im Blick.
und er jammerte nie über sein Geschick.
Aber keiner kannte ihn wirklich genau.

**Doch der Wind in den Bäumen, der sang seine Lieder;
da bogen die Äste sich wie ein Gefieder.
Man konnte sich in ihren Schatten legen,
da nisteten Vögel, und da rieb sich der Regen.**

Bald mußte sich einiges wenden.
Karl Otto, schon hoch in die Achtzig,
berührte mit zitternden Händen
seine Bäume und dachte: Das macht sich.
Da erschien, wie ja immer mal wieder,
im Hause ein neuer Mieter.
Der veranstaltete gleich ein Riesengeschrei,
dass sein Wohnzimmer sowas von scheißdunkel sei.
Diese elenden, riesigen, russischen Birken!

**Doch der Wind in den Bäumen, der sang seine Lieder;
da bogen die Äste sich wie ein Gefieder.
Man konnte sich in ihren Schatten legen.
Da nisteten Vögel, und da rieb sich der Regen.**

Nach einigen wenigen Wochen,
als man schon nicht mehr gelacht
und über was anderes gesprochen,
warn die Birken gefällt über Nacht.
Man stand wie vom Donner gerührt.
Kaum zu glauben, wohin sowas führt!
Morgens hockte ein Mann bei den Stümpfen
vorm Haus,
der weinte, es sah von oben so aus.
Nach zehn Tagen gab es Karl Otto nicht mehr.

**Vielleicht hat ihn der Wind ja nach Hause
geweht,
dahin, wo der ewige Birkenbaum steht.
Wo die Wünsche gleich neben den Wurzeln
liegen,
wo die Worte zerfallen und die Lieder
versiegen.**

Charlotte
(Nekrolog auf einen Baum, Liedtext)

Sie stand am Bach im Tal wie ein Refugium,
die Äste tief, du tratst in einen Kreis herein.
Sie nahm dich auf in ihre grüne Dämmerung;
sie war die Größte, Schönste, wird's noch lange
sein.
Geliebt, verehrt, die Meisten haben sie
gekannt.
Jetzt klafft ein Stumpf hier, den du nicht zu
glauben scheinst.
Dann nimmst du seine Rindenfetzen in die
Hand und weinst.

Charlotte, die Mutter der Fichten ist tot.
Erst traf sie der Blitz, dann fraß sie der
Sturm.
Charlotte, der freundliche, raunende Turm.
Jahrhunderte Stille sind aus dem Lot.

Du fühlst dich ausgestoßen, hast in ihr
gewohnt,
Jahrzehnte, eigentlich dein ganzes Leben lang.
Am alten Kreuzweg scheint wie eh und je der
Mond,
die Wälder schweigen, du heulst deinen
Grabgesang.
Dann fragst du dich, was du hier eigentlich
noch tust,
wenn alles nur in einem Augenblick verwest.
Nimmst deine müden Füße, eh du selber ruhst,
und gehst.

**Charlotte, die Mutter der Fichten ist tot.
Erst traf sie der Blitz, dann fraß sie der
Sturm.
Charlotte, der freundliche, raunende Turm.
Jahrhunderte Stille sind aus dem Lot.**

Herbert Laschet Toussaint **HEL**

Links die erlen rechts die Dahme
Sag mal kind wie ist Dein name
    Links der wald und rechts der see
    Mitten jehn   wa   jwd

Rechts der steg die seegrundstücke
und dazwischen wir auf lücke
    Vorne sonnenuntergang
    Mitten is der weg noch lang

Links is duster rechts sind leuchten
Mitten wandern wir im feuchten
    Rechts der see und links der wald
    Bald macht Dich der Schmökel kalt

Rechts die birke links die kiefer
und der wald geht tief und tiefer
    Keena sieht und hört uns hier
    Kleene hier verjrab ick Dir

26. 11. 00

Du alter baum bist geblieben
  Du mit dem astgeweih
Du wirfst es nicht ab unter hieben
  und januars eisgeschrei

Du wirfst `s bei der frühjahrskörung
  wenn Dir das blätterfell wächst
und bei der blütenverschwörung
  wirst Du mit verhext

Du alter baum gebreitet
  würdig in lautloser brunst
So hast Du die sonne begleitet
  Der rabe setzt es in kunst

märz 99

Die Dorfdünenfänger

> Yacouba Sawadogo
> und ein neues Wort: Z A I
> 24.01.17

Das dorf an der düne da half kein gebet
die hat `s jedes jahr näher rangeweht

Da knüpften die frauen der düne ein netz
Nu trotzkamel aber benimmt sich bis jetz

Da sagte Yacouba: Die steine hier rum
die sind ja stinkfaul aber sind nicht dumm

Das sandmeer ist ja lebig: und was
wenn ich die schläfer aufkeimen laß?

Nun recken sich bäumchen so grün wie breit
Sie schliefen im sand eine menschenzeit

Am anfang: viel bücken und sonnenstich
Im hmmmzigsten jahr: das entwickelt sich

Die mäuerchen halten das wasser ein
die bäume tragen kühle hinein

So merkt euch ein wort: Die klamotte heißt z a i
wie reisterrassen   die wüste dreht bei

Hier überall 5 grad kühler stets
Potz klimawandel: Auch so rum geht ´s

Ein erdachsenruck: Schwärmt aus in die welt
Ein erdachsenruck: Das haus bestellt

Da schnurrt sie   die goldene katze Sahel
Willkommen in Grabenbruchwalzerhotel

Ein urwald war die welt   und wurde dann
savanne   liefen füße gatter
zum garten aus   weil einer satter
da pferd nicht aufaß sondern sich gewann

Der krieg schiß stadt in der die königin
eunuchen aß   entkam der könig weinmatt
Der letzte fand um wässerei statt
der zog sich hin

Einst war sie werkstatt die keins ausließ
die häuser   schiffe als patronen ausstieß
wächst an zum galaxientumor
und wird steril wird vakuum und rumor
und sollte garten sein wie das zu haus hieß

06.11.10

Michael Manzek

2
Wald

Das ist der Wald unserer
moosbewachsenen Zweifel
und verborgenen Wünsche,
ein enormer Speicher Erinnerung,
der Urwald unserer Ängste,
respekteinflößender Wurzeln,
der Vogelrufe und Holzkadaver,
der Wald unseres wohlig,
schaurigen Aberglaubens,
eine alternative Schlafstadt,
ein archaischer Schwamm,
eine empfängliche Schleuse.

2
Bosque[4]

Este es el bosque de nuestra
duda cubierta de musgo
y deseos escondidos,
un enorme almacén del recuerdo,
la selva de nuestras angustias,
de raíces que causan respeto
del canto de pájaros y cadáveres de madera,
el bosque de nuestras supersticiones
agradables y horrendos, una ciudad dormitorio
alternativa, una esponja arcaica,
una esclusa acogedora.

---

[4] Übersetzt: Josè Pablo Quevedo

4
Berühr den Wald

Berühr den Wald der tiefen Wurzeln
und folg ihrem Schweigen.
Es führt dich zurück zu dir.

Berühr den Wald der hohen Kronen
und folg dem Weg der Äste.
Sie führen dich zurück zu dir.

Berühr den Wald der rauschenden Blätter
und folg ihrem Tanzen.
Es führt dich zurück zu dir.

Berühr den Wald der uralten Rinden
und folg den Spuren der Ahnen.
Sie führen dich zurück zu dir.

Berühr den Wald der entschlossenen Blüten
und folg dem neuen Leben.
Es führt dich zurück zu dir.

Polaroids

Zwei Gesichter, die sich vollkommen gleichen, nur dass das eine weiß und das andere schwarz ist, schauen sich an. * Sie traut sich aus dem Nebel als tiefster Celloton.* Das nicht den Boden-Berühren-Spiel. Der Umrunder der Zeit. Die Leichtfüßigkeit der Bäume. * Der Schattenbaum dir gegenüber, gleich durchfliegt, gleich krönt er dich. * Darum die Stirn, darum der Greifarm, darum diese Geste, die niemand erwartet.

Nimm die leichte Biegung der Nacht zum Anlass, der Zeit zu entfliehen, Wangen zu berühren oder mit Schatten zu handeln. Nimm den leichten Widerstand des Tages zum Anlass deine Uhr wieder zu finden und sie in die Sonne zu werfen. * Eine Frau, halb Lou-Reed-Lied halb Rilke-Gedicht, die soeben das Bild betritt, läuft zugleich aus ihm. * Die Begegnung zweier Raben im sich un-um-kehr-bar formenden Regentropfen. * Die Reise der Brücke beginnt, noch eh sie fertig gebaut. Die Reise der Welle führt fort, noch eh du dich umgeschaut. Die Reise des Lichts beginnt, noch eh es dich weckt. Die Reise des Baumes geschieht, solang sie unentdeckt.

Seelia Nahst

Deinen **Baum im Nebel**
möcht ich malen
atmen die Stille
Ruhe aus unsren Gesprächen
bin angenommen
umhüllt mit
Geborgenheit

einzig hier.

Dein Wesen wahrt.

20.02.16

Dein Wald[5]
08.12.13

Innigste Heimat
Sehnlich Trost
Bald Zukunft
Vereint Uns
Auf Immer
Hier.

---
[5] Ein Friedwald

DuDeinBaumDeinWaldgrund
21.06.12

Wenige Jahre, für eine Eiche
wie für Menschen.
Gleiche Lebensfreude hat sie
wie Du.
Wir reden dort,
umarmen uns.
Schmieg ich mein Gesicht an Deine grün
bemooste Rinde.

Auch an das Schildchen,
dem Baum aufgezwungen.
Viele seine Blätter
braun, gefallen.
Weit breite ich die Arme drüber,
den ganzen Körper.
Schmiege mein Gesicht an Deinen Boden.

In der Wohnung
die Sonnenblumen an den Wänden
schwarz gesprayt.
Du mit frischen Blüten Deiner Lieblingsfarbe
neben mir, wo immer ich auch sitze.
Lebhaft lachst Du auf dem Foto
Mit dem Trauerflor.

Petra Namyslo

Blick aus dem Fenster

Wenn ich aus dem Fenster seh,
fang ich an zu träumen.
Über alten Bäumen
himmelwärts Gethsemane.

Tauben, Elstern, Schwalbenkind
fingen meine Katzen
mit den Raubtiertatzen,
flögen sie nicht fort geschwind.

Bald versperrt man mir die Sicht,
will ein Haus hinbauen
für die Reichen, Schlauen.
Solche Nachbarn will ich nicht!

Wenn die Sonne untergeht
hinter Blumenkästen,
blicke ich nach Westen,
wo es nicht viel besser steht.

Mirando por la ventana[6]

Cuando miro por la ventana,
estoy empezando a sueño.
Sobre los árboles viejos
hacia el cielo Getsemaní.

Palomas, urracas, golondrinos
cogerían mis gatos
con sus zarpas depredadores,
si no volerían lejos rápidamente.

Pronto se bloquean mi vista,
quieren construir una casa
para los ricos, los listos.
Tales vecinos no lo haré!

Cuando se pone el sol
detrás de las cajas de flores,
yo miro hacia el oeste,
donde no es mucho mejor.

---

[6] Übersetzt: Petra Namyslo

Maria Nancy, Sanchez Perez

VIENTO DE LA MISMA TIERRA

El viento mueve las entranas,
el viento mueve las fronteras del miedo.

Una hoja es desprendida
del árbol desnudo por el invierno.

Tú eres hoja de mi árbol,
te desprendiste cuando mis raíces,
se hicieron flores blancas,
rosadas de contornos rojos.

Tus raíces también florecieron
en mi camino.

Tú me vez como el árbol de tu jardín,
Yo te veo como fruto de mi árbol.

Por el viento nuestras hojas,
se juntaron en un beso
incandescente.
Quemando la foresta de abril,
quedando esculpidas en cenizas.

Un abrazo en medio de las hojas,
dos bocas sedientas,
perdidas en la arena de la orilla.

Al rededor del viento...
muchos árboles mueven sus ramas, flores,
frutos,
dejando caer otras hojas juntas al camino.

WIND DER SELBEN ERDE[7]

Der Wind bewegt das Innerste.
Der Wind bewegt die Grenzen der Angst.

Ein Blatt an meinem Baum,
der kahl wird zum Winter.

Du bist Blatt an meinem Baum,
du fällst, wenn meine Wurzeln
Blüten hervorbringen,
weiße, rotgeränderte Rosen.

Auch deine Wurzeln blühen
auf meinem Feld.

Du siehst in mir den Baum in deinem Garten.
Ich sehe in dir die Frucht an meinem Baum.

Denn der Wind vereint unsere Blätter
in einem glühenden Kuss,
verbrennt den Aprilwald.
Spuren bleiben in der Asche.

Eine Umarmung der Blätter,
zwei dürstende Münder
verloren im Uferstaub.

Und um uns her der Wind...
Viele Bäume bewegen ihre Zweige, Blüten,
Früchte,
lassen andere Blätter am Weg zusammen fallen.

---

[7] deutsche Übersetzung: C. Seebach

José Pablo Quevedo

Recibo la primavera sobre mis talones

Recibo la primavera sobre mis talones,
doy volantines por campos de algodones,
corriendo voy por los manantiales,
abro la imaginación con mis ojos siderales.

En el burbujeo silente de las aguas,
ellas se ponen a jugar con las estrellas,
contando van sus historias a las piedras,
a los hombres tendidos ante los sauces.

En los contornos de las piedras que rodaron
dejan las aguas sus rostros que una vez llevaron.
Ellas fueron montañas, serán la desmenuzada
arena corriendo siempre en el caudal que las lleva.

Ante la piedra y su dimensión hospitalaria
los ríos salen resueltos desde las montañas,
asumen el curso vital que ellos se asignan

Hay un pensar en lo que se va y lo se viene,
con el ir y venir constante de las aguas.

Frühling an meinen Fersen[8]

Ich empfange den Frühling an meinen Fersen
drehe Saltos auf Baumwollfeldern
springe über Quellen und Bäche
sehe mit meinem inneren Auge

Im leisen Murmeln der Bäche
spielen die Wasser mit den Sternen
erzählen den Steinen ihre Geschichten
und den Menschen unter den Weiden

Mit den Konturen der rollenden Steine
formen die Wasser Gesichter,
zerreiben Berge zu Geröll und Sand,
treiben sie fort und immer fort

Vom Gebirge aus
stürzen Flüsse entschlossen
Berge hinab
suchen ihren Lauf

Ich denke an Kommen und Gehen
wie auch Wasser wiederkehrt

---

[8] Übersetzung: Barbara Krüger-Quevedo; Nachdichtung: J.Polinske

Unter den hohen Linden

Unter den hohen Linden
wiegen sich die Ränder zweier Friedhöfe
im tropfenden Licht.
Dort gingen wir spazieren
um viele Male im Auge des Tages
jenen Höcker zu sehen, auf dem der
Salamander
                            schaukelte.
Sich an einem Haar festhaltend
frühstückte er unruhig im wechselnden
Geschmack des Sandes.
Gegen Mittag, die Lippe verziehend,
war unbezwingbar sein Sieg im Wein,
sein Instinkt im offenen Korn.
Ihm stahlen wir sein Feuer, wenn wir es
brauchten,
wir spotteten über Odysseus und sein Ithaka,
über die Muse, die die Wolke umarmte,
resigniert über seine Wiederkehr.
Und wir vertrauten unserem Sommermond,
unseren Tupfern von Geranien,
als er zunehmend aufmerksam zurückkam.

Unter den hohen Linden
wiegen sich die Ränder zweier Friedhöfe.
Und der Salamander bringt das Glas zum
Klingen
und genießt seine Einsamkeit und den warmen
Sand.

Sein Schatten gebiert um drei das innere
Ereignis seines Instinkts.
Er fragt uns:
Welche Zeit hat das Zeitalter Gottes,
dass niemand in seine Sehnsucht gelangt ist?
Dass nie jemand gekommen ist aus seinem
Rückgrat
außer dem Vakuum in seiner tanzenden
Bewegung.

Marlies Schmidl

Mondnacht am Peetzsee
Januar 01

du blickst herab
still ist das Land
und blaß gehaucht
im kalten Licht
am Schilf
stand ich oft
(sah deinen Glanz)

schweigend gingen
die ich liebte
Schattenbäume
leise raunen
wie Gesänge

Warum
werden meine
hände schwer
die sich dir
entgegenstrecken
wie ein kuß

Warum
geift der nachtwind
dir ins haar
hab ich doch darin
seidenfäden
versponnen
aus zärtlichkeit

Sieh
dort den alten
kastanienbaum
wie seine
blüten ihn tragen
jahr um jahr

mai 2011

Eva Schönewerk

Der Apfel

Am Ast, am Baum im Garten
Hinter ihm sah ich Raum
Und dahinter
Weltraum
Und dahinter
Vielmal viele
Viele Weltenräume
Und dahinter
Das Unsichtbare
Wurde
Immer größer

Der Baum des Schnitzers

Mit jeder Faser
mein Leben

Wie Harz in den Adern
so schreit Holz, wenn

ich nicht hör seine
und meine Stimme: ein Lied

der Schrei des Hähers
trifft mich ins Herz

Waldgang

Einsam der Wald im Frühlicht
Perle und Glas
Zerbrechliches Netz
auf allen Gräsern.
Brennessel, Distel und Wiesenstorchschnabel
ins, enge, gebogene Tal
flach gedrängt, da
rötet ihr Widerstand
meine Lust.

Verwachsen krumiger Pfad drängt
mich näher zu
den alten Bäumen. Wie weise
sie schweigen im Holz.
Kann wieder hören das
Fallen der nachtfrischen Tropfen
von Blatt zu Blatte,
leichthin, ohne Zwang
des, ach so launigen Winds.

Auf meinem Weg folgen
die fernen Straßen mir
wie das Summen
der Bienen. Hier
kann ich, wenn nicht
vergessen, sie nehmen
mit Nachsicht. Und
komm ich zurück, dann
red ich mit anderer Stimme.

Platane

Fünflappiger Blatt-
Riese mit Igelkugeln, die
hängen wie
Weihachtsschmuck
am Ast.

Versteckst
deine dünnen Stellen
ums Herzholz nicht,
wirfst ab
die harte Borke
immer wieder, ehe
sie festklebt
und die neue Haut ist
zarter grün.

Gefährlich und dumm
nennens, die von
Hornhaut reden wie
von Erleuchtung, aber
in mir sammeln die
Kräfte sich
für dich wie jeden
verletzbaren Freund.

Klaus-Dieter Schönewerk

Schneebeere, rot
Für Eva und Hildegard

Was weiß der Schritt noch? Die Augen
suchen, was gestern schon war.
Tränen aus Wolkenschaum laugen
Farbe und Licht aus dem Jahr.

Jetzt falln die Blätter. Die Beeren
drängen sich näher zum Strauch.
Ihr Rot – ein letztes Sich-wehren.
Über den Dächern der Rauch.

Was wissen Hände, die frieren?
Fühlen doch Früchte und Blatt.
Wie kann man alles verlieren,
was man sich genommen hat?

***

Die Pappeln stehen schamlos nackt Spalier
Für dunkle Tage, für einigen Wind
Vielleicht auch für mich, denn ich bin noch hier
Bis alle Zeit im Herzen gerinnt.

Die Füße wissen, es gibt kein zurück
Die Augen suchen noch nach dem Weg
Den muss ich allein gehen das letzte Glück
Bis ich mich müde zum Ausruhen leg.

Die Pappeln stehen schamlos nackt Spalier
Und jeder kann sehen, da kommt niemand mehr
Und keiner fragt mehr nach dir oder mir
Das letzte Bild bleibt am Ende leer.

Herbstlich

Die Bäume stehen schamlos nackt
Spalier an Straßenrändern.
Das schreit ich ab, müd und bepackt
mit eisernen Gewändern.

Die beugen meine Schultern hin
zum Grund, wo ich erwartet werde.
Dort liegt vielleicht der tiefe Sinn
des Wegs auf dieser Erde.

Die Bäume stehen schwer bepackt
Spalier an Straßenrändern.
Wir kamen einst – schutzlos und nackt,
um Welten zu verändern.

Jürgen Polinske

Der Baum

I

Der Einsame
ist freude und zuflucht
der vögel.
... ist er still
und die vögel sind fort[9]
schafft sein freundlichstes Grün
nicht
mich zu erheitern.

Ich seh ihn
an die erde gefesselt[10]
keinen Nachbarn besuchen
niemals
oder gar mit den Vögeln ziehn

Trauer und Trost
seine Blätter fliegen

---

[9] Matthias Johannessen
[10] wie 9.

II

Den einen in der Strandallee Matalas
haben sich Spatzen
zum Schlafbaum erkoren.
Der Krach am Abend gilt dem Tag
alle Träume schilpen am Morgen.

Zur Mittagszeit
herrscht grünstaubige Stille
(im Sommer allerdings nur
sonst wäscht Regen sein Grün)
und kein Blatt muss fliegen

Aphrodites Macht

9/2005 Kreta

Zeus zum Rindvieh machen
Der Göttervater selbst sich hörnt
Wem außer dir konnte dies gelingen
Malerisches Matala
Weich ist Sand
Meersalz kitzelt Haut
Mit der Luft schwingen A(h) und O(h)
Europa buchstabiert
Und in Gortys blüht ein Traum im Schatten
Unter dem noch immergrünen Baum[11]

---

[11] Eine Platane

Mittagsschlaf

Im Schatten der Magnolie sind Träume grün
Die Enkel freuen sich im Freien schlafen zu
dürfen
Sie lächeln mit geschlossenen Augen
Oma wacht über den Buchrand hinweg
Träume sind wie Schatten der Magnolie grün

Fischland

Ein müder Mistral
ein matter Monsun
wellt Azurschmaragdentürkis
an des Weststrands Weiße Wüste
Kreta, Karibik, Kontraste

Die Kiefern gebeugt
den Abend geschultert
kraftvoll im Blut
für Morgen

Im Park
2006

*Die Weide trägt grüne Trauer
der Aprikose sterben blassrosa Blüten
Blatt für Blatt verteilt sie der Wind
und klagt im morschen Birkenast*

Vier Jahreszeiten unter Kastanien

1.
Unser Himmel
ist voller Kerzen
Rot und Weiß

2.
Unsere Küsse
bleiben frisch
ist doch der Schatten grün

3.
Uns mahnt jeder Finger
der vielfarbigen Blätter und die Frucht:
Zieht Euch warm an

4.
Wir ziehen uns warm an

Rettungsaktion für die Pfingstnelke
11/12 2011

Zum Urwald zurück
Die Pfingstnelke soll leben!
Licht braucht der Hang
Per Hubschrauber
hoch durch die Luft
die Nadelbäume weichen
Die Buchen stehen wieder licht
im Kellerwald.

Trauerbirke

Wie klein, gestutzt, und hutzelig,
ein Leib, wie ein altes Weib,
hexenbucklig, weidensträhnig,
trostlos kahl das Haupt,

kein Blatt als Schmuck für Zweige,
die lang und schmuddelig,
strähnig eben, im Gesicht ihr hängen,
wie bei Klageweibern Haare eben.

Der Dulcinea-Baum[12]

[12] Text aus einer alten Handschrift, die Cervantes für seinen Don Quijote offensichtlich verworfen hatte, denn nach diesem Text gäbe es keinen dritten Auszug seines Helden mehr

Die Nachmittagssonne der La Mancha brennt auf die Beiden herab. Der Lange, Hagere auf dem Klepper schaukelt vor Erschöpfung im Sattel hin und her. Dem Schein nach apathisch, trottet der kräftig rundliche Mensch auf dem Esel hinter ihm. Urplötzlich nimmt das Grautier Tempo auf, trabt am hochbeinigen Braunen vorbei in Richtung auf den Baum zu, der sich am Horizont vor den Reitern erhebt.

Sancho, wohin so eilig ?

Edler Herr, dort vorn winkt uns Schatten.

Das muss ein Zauber sein, denn wer für seine Liebste unter der Sonne reitet, der bedarf keines Schattens, um seinen Mut zu beweisen. Hier will mich jemand versuchen, die Ritterehre mir nehmen. Für Dulcinea, das Wunderweib aus Toboso ertrage ich ganz andere Leiden als Schwitzen. Willst Du Dummer denn die Regeln niemals lernen?

Herr, es ist nur ein Baum und ich erinnere mich, dass wir im Frühjahr bereits schon einmal unter ihm weilten. Und wie ihr schwärmtet ob der weiß-blassrosa Blütenpracht. Die Farbe der Haut des edlen Fräuleins sollte es sein und das Leuchten ihrer Augen, die Rinde duften wie ihr Haar, ihren Wuchs saht Ihr im Stamm und die Krone war Euch ihr Busen. Ja solcher Attribute wart ihr voll und sie wollten schier nicht enden. Ich sag nichts weiter, denn es war ein Baum in Blüte nur, und als Ihr saht, wie wir anderen Drei Nutzen davon ziehen wollten ...

Knecht, Vorlauter, halt ein. In mir steigt der Zorn wie seinerzeit. Der selbst so treue Rosinante fraß aus den höheren Lagen die Blüten, die Dein Esel nur an den unteren Zweigen erreichte. Tiere! Das Vieh versteht nichts von Schönheit, edlen Gedanken und Ehre. Ich begriffs, als Rosinante in den Schatten äppelte. Du aber, Unhold, hättest Du nicht schnell ein Wort der Sühne gebraucht, um Verzeihung gebeten, wahrlich ich hätte dir meine Lanze in Deinen ungläubigen Wanst gerannt.

Wie frevelhaft von Dir die Schilderung meiner Herrin mit den Worten abzutun, ein Apfel von diesem Baum wäre Dir lieber, keine Blüten der Welt würden Deinen Hunger stillen. Wie erbärmlich, nur an seinen Pansen zu denken. Ich ...

Beruhigt Euch Edler Ritter, ich gab Euch Recht: die Blüten dufteten in der Tat wie ein Weib, dem Liebe aus allen Poren dringt, dem auch der Schweiß vom Roggendreschen nichts anhaben kann. Riecht aber ein Weib nach Brot, ach Herr ...

Fresssack, unbändiger, kannst du nichts anderes Denken?

Euer Diener, Herr ist ein Bauernsohn und sorgt sich einfach um das Leben. Ich sah Euch doch auch, nach Euren Heldentaten, stets bei gutem Appetit. Mein Weib und die Kinder wollen auch nicht Worte nur zum Beißen auf dem Tisch haben. Seht nur, seht, wie die Äpfel am Baum in der Herbstsonne leuchten. Uns winken Schönheit und Schatten und Sattwerden. Gleich sind wir angelangt.

Gut, um Deines hinfälligen Leibes, schwachen Willens und geringen Verstandes wegen wollen wir rasten. Komm, hilf mir aus dem Sattel. Dann kann ich mein Kreuz an den Stamm lehnen, das mir niemand in den Rücken fällt.

Der Ritter gab tatsächlich eine traurige Gestalt. Schlaff und ein wenig krumm, nach vorn gebeugt, schleppte er sich in voller Montur die drei Schritte bis zum Baum und ließ sich unter Stöhnen nieder. Sein Schildknappe indessen pflückte zwei Äpfel vom Baum und biß sofort in einen hinein. Mit vollen Backen kauend wandte er sich an den Don.

Nicht zu süß, nicht sauer, diese Erfrischung wird Euch stärken, die Farben der Frucht, ihr Duft sehr gefallen. Probiert.

Don Quijote ergriff den dargebotenen Apfel mit seiner Linken, ohne die Lanze aus der Rechten abzulegen, drehte ihn auf seinen Fingerspitzen wie auf einem Thron vor seinen Augen, besah ihn sich von allen Seiten. In den Augenwinkeln nahm er wahr, wie sich Rosinante und Sanchos Esel an den Früchten der unteren

Zweige und am Fallobst bedienten. Sancho hatte den ersten Apfel bereits verschlungen und führte den nächsten zum Mund.
Ihr verfluchten Drei, ihr Frevler, ich sollte euch alle erschlagen – seht ihr nicht wie ihr Dulcinea tötet? Diese Rundung, dieses rotbäckige Leuchten, Festigkeit und Samt der Haut, alles wie bei meiner Herrin. Und ihr Nichtskönner, Tölpel und miese Kreaturen beißt einfach hinein und schlingt, als hättet ihr vierzig Tage nichts mehr zwischen die Zähne bekommen. Das begreife wer will, wie kann man nur so abscheulich primitiv handeln? Ich bin es leid euch Elenden wieder und wieder alles von vorn zu erklären, dummdreist wie ihr seid und ...

Essen, ich sag es frei heraus, ist ein Liebesdienst. Den solltet Ihr auch Eurer Dulcinea gönnen und Euch, meinetwegen ihr zum Gefallen und Eurem Sancho nicht verweigern. Doch ich unterbrach Euch, erbitte Geduld mein Herr, ein wenig Geduld, ich will Euch gern weiter lauschen, aber Eurem Knecht grummelts im Bauch. Die Früchte sind scheints noch nicht richtig reif, es zwickt und kneift, ich trau den Wind nicht gehn zu lassen. Verzeiht, ich schleich nur kurz hinter den Stamm, ich...

Sancho hält seinen Bauch, dreht auf den Hacken um und rennt los. Sein Herr bleibt erstmals sprachlos zurück, sackt in sich zusammen, schiebt den Helm auf seinem Kopf hin und her, schüttelt die Lanze und verdreht seine Augen wie wild.
Rosinante äppelt.

Unbändige Wut, gewaltiger Zorn, ein rasendes Zittern überwältigen Don Quijote angesichts Rosinantes Tun und dem breiten Lächeln Sancho Pansas, mit dem er zu seinem Herrn zurückkehrt. Die Halsadern des Ritters schwellen an, Röte steigt ihm ins Gesicht und man sieht, wie er tief Luft holt für die anstehende Tirade. Doch dann ist ihm, als müsse er ersticken. Kein Wort kommt aus seiner Kehle, nur Laute eines sterbenden Löwen. Alle Spannung verlässt seinen Körper und er weint.

**Von Deinem Esel, Sancho und von Dir verstocktem Esel habe ich nichts anderes erwartet. Dass aber auch mein sonst so verständiger Rosinante auf die Sonne meiner Seele, auf die demutsvolle Dulcinea, dem Stern meiner Liebe scheißt, nein das ertrag ich nicht.
Zwecklos Euch zu erschlagen, die Fliegen, die Euch fressen, scheißen auch auf alles. Mit Versagern wie euch ist kein Held zu großen Taten fähig, ihr ...**

Trocknet Eure Tränen, liebster Herr, Rosinante ist viel verständiger als Ihr glaubt. Er gibt von dem was er empfing, stets etwas an den Spender zurück. Oder wollt Ihr im nächsten Frühling Euch nicht an zartesten Dulcineablühen erfreuen, wollt im Herbst nicht fruchtgestärkt ihr zu Ehren in Kämpfe ziehen, zur Minne ihr huldigen? Und Euren Schimpf auf mich, Euren treuen Knecht, den ihr Euch selbst zum Schildknappen erwählt, Euren Schimpf ertrag ich mit Geduld, sollen doch die versprochene Insel, ein Königreich und Ämter Lohn mir sein.

Spitzbube, Hurensohn; Schweig! Es hat sich ausgekämpft. Wenn ich's mir recht überlege, mit Verstand bedenke, dürften es nun ausreichend Taten sein, um huldvoll von meiner Dame empfangen zu werden. Wenn Liebe nicht bestehen kann, muss sie vergehen. Müde bin ich, Du Bauernspeck, will mich heimwärts wenden, bevor es nach Toboso geht. Es hat sich ausgekämpft.

Nein! Nein! Das kann nicht sein, ehrenwerter Don, dass Ihr mir Unrecht tut. Was wird nun aus Euren Schenkungen, meiner Insel, soll ich arm und elend hier verkommen?

Einfältiger Esel Du, wenn ich bei Verstand, was hoffst Du da ein Königreich zu erben? Komm, hilf mir auf.

Sancho Pansa steht starr, die weit aufgerissenen Augen auf den Don gerichtet. Er will es nicht glauben, all die Zeit umsonst gedient? Prügel, Schmerzen, Schmähungen vergebens erduldet?

Regungslos sieht er seinen Ritter, der keiner mehr sein will, sich am Baum stützend langsam aufrichten, seinen Helm in die Zweige hängen, die Lanze gegen den Stamm lehnen, Rosinantes Zügel greifen, die Sattelriemen festzurren. ihn vom Apfelschmaus wegziehen,.

Komm, mein einziger Sancho, hilf mir in den Sattel. Die Kraft selbst aufzusitzen, hat mich verlassen. Gemeinsam lass uns zur Heimat ziehen.

Ihr meint es ernst und seid zu keiner Umkehr zu bewegen? Gern halt ich Euch den Bügel, wie ich es immer getan. Hier, ergreift meine helfende Hand. Was soll ich meinem Weib und den Kindern jetzt bieten, ohne Ämter, ohne Krone, ohne Insel? Schaut auf Euren Sancho in seiner Pein, gönnt Euch das Vergnügen und sagt dass Ihr scherzt, spottet meiner nicht.

Sein Herr sitzt im Sattel mit hängenden Schultern und ein wenig windschief. Er wendet sich um, sieht Sancho fest und länger als früher üblich in die Augen. Dann schüttelt er den Kopf.

Lass gut sein, Bester. Jetzt klopf dem Rosinante die Kruppe, dass er zügig trabt.

Ja, ein guter Gaul kennt den Weg zur Krippe.

Sanchos breite Hand klatscht zweimal auf Rosinantes Hinterteil. Er und der Hagere auf seinem Rücken trotten in die untergehende Sonne der La Mancha hinein. Sancho seufzt, greift dann beherzt den Strick um den Hals seines Grauen.

Komm, komm schon mein Alter, ohne uns ist der Herr verloren.
Zu dumm nur auf was ich alles verzichten soll.
Ich glaube, jetzt werde ich verrückt.

ein spanischer Baum

Zu den Autoren:

Anke Apt
Berlin, „Die Poeten vom Müggelsee"

Dorothee Arndt
Rostock, Köpenicker Lyrikseminar/Lesebühne der Kulturen

Andreas Diehl
Berlin, **Köpenicker Lyrikseminar**/Lesebühne der Kulturen
Friedrichshainer Autorenkreis

Wolfgang Endler
Berlin, Köpenicker Lyrikseminar/Lesebühne der Kulturen

Marko Ferst
Gosen, Köpenicker Lyrikseminar/Lesebühne der Kulturen

York Freitag
Berlin, **Köpenicker Lyrikseminar**/Lesebühne der Kulturen

Slov ant Gali
Berlin, Köpenicker Lyrikseminar/Lesebühne der Kulturen
Friedrichshainer Autorenkreis

Charlotte Grasnick
Berlin, verstorben
ehemals Köpenicker Lyrikseminar/Lesebühne der Kulturen

Ulrich Grasnick
Berlin,
Leiter des Köpenicker Lyrikseminars/Lesebühne der Kulturen

Elisabeth Hackel
Berlin, verstorben
ehemals Köpenicker Lyrikseminar/Lesebühne der Kulturen

Brunhild Hauschild
Berlin, Köpenicker Lyrikseminar/Lesebühne der Kulturen

Reinhard Johannes
Berlin, Friedrichshainer Autorenkreis

Annette Kaufhold
Berlin, Köpenicker Lyrikseminar/Lesebühne der Kulturen

Henry-Martin Klemt
Frankfurt (Oder) , Friedrichshainer Autorenkreis

Reinhard Kranz
Berlin, Köpenicker Lyrikseminar/Lesebühne der Kulturen

Brigitte Lange
Leipzig, Friedrichshainer Autorenkreis

Herbert Laschet Toussaint (HEL)
Berlin, Friedrichshainer Autorenkreis

Michael Manzek
Berlin, Köpenicker Lyrikseminar/Lesebühne der Kulturen

Seelia Nahst
Berlin, Friedrichshainer Autorenkreis

Petra Namyslo
Berlin, Friedrichshainer Autorenkreis

Maria Nancy Sanches Perez
Bolivien, Berlin
Selbständig

José Pablo Quevedo
Peru, Bernau, Köpenicker Lyrikseminar/Lesebühne der Kulturen

Marlies Schmiedl
Berlin, Köpenicker Lyrikseminar/Lesebühne der Kulturen
Friedrichshainer Autorenkreis

Eva Schönewerk
Berlin, verstorben
ehemals Friedrichshainer Autorenkreis

Klaus-Dieter Schönewerk
Berlin, verstorben
langjähriger Leiter des Friedrichshainer Autorenkreises

Jürgen Polinske
Berlin, Köpenicker Lyrikseminar/Lesebühne der Kulturen
Friedrichshainer Autorenkreis

Quellen
der nicht direkt eingesandten Texte:

Rose Ausländer
Der Wald erzählt aus
„Der Wald", reclam 2008

Andreas Diehl
„Abschied ins dritte Land", verlag am park
„Geliehener Ort", Edition Zeitsprung

Marko Ferst
„Republik der Falschspieler", Edition Zeitsprung
„Umstellt. Sich umstellen", Engelsdorfer Verlag

Charlotte Grasnick
„So nackt an Dich gewendet", Verbrecher Verlag

Ulrich Grasnick
„noch einmal steigt der Sommer - Gedichte der Lyrikbuche",
Tourismus- und Kur GmbH Graal-Müritz
„Ankunft der Zugvögel", Verlag der Nation
„Fels ohne Eile", Edition 2003 Lesebühne der Kulturen,
Berlin – Karlshorst

Elisabeth Hackel
Holunderbaum aus
„Ausgewählte Gedichte", Ediciones Aedosmil, Lima
weitere aus „Freiwerden für Licht", „Luftwurzeln",
„Tankablumen, Distelsterne...Kalenderverse"

Reinhard Johannes
„Ausbrüche Aufbrüche – 101 Gedichte", Regionen Verlag

Henry-Martin Klemt
Cidre Lied aus
„Hautkontakte", viademica.verlag berlin

Reinhard Kranz
„Sichttunnel mondweiß", PROJEKT ag LYRIK

Michael Manzek
„Polaroids", Laeser edition

José Pablo Quevedo
Unter den hohen Linden aus
„Torsos y Piedros", La Manzana Mordida Nr. 67, Lima

Eva Schönewerk
„Liebe muß der Wahrheit Schwester sein", BoD

Klaus-Dieter Schönewerk
„Museum für Wunder", BoD

Illustrationen:

Fotos	J. Polinske	Seiten: 5, 10, 19, 40, 49, 57, 65, 89, 101, 105, 109, 112
	Andoni Ros Soler	148
Zeichnungen	J. Polinske	Einband, 132
	José P. Quevedo	12, 95, 115, 142
	Edith Freyer	11
	Joachim Weyrich	32
	Privatbesitz	112
Buchill.	Sylvie Ringer	23
	Graeme Matthews	154
Bemalte Fliese	(Eigent. Polinske)	119
Ausrisse Kalender/Zeitschriften		15, 23, 35, 44, 69, 74, 79, 85, 123, 128

Du
musst die Eiche

pflegen unter der

Du wohnen willst[13]

---

[13] aus der Egil-Saga Islands